MW01286990

COMO LEER
LA BIBLIA

con provecho

Martín Zavala/Silvia Zavala

libros para crecer   www.defiendetufe.com   3

Misión 2000
P.O. BOX 51986
PHOENIX, AZ 85076
Tel. (480) 598-4320

Nuestra dirección en Internet:
www.defiendetufe.com

"Libros que cambian vidas"

Agradecimiento y crédito
Nuestro más grande y sincero
agradecimiento a Gonzalo Cabrera y
familia por todo el apoyo brindado.

CONTENIDO

Dedicatoria:
A mis hijos: Luis, Daniela y
Andrés. Tres flechas que Dios puso
en mis manos. Salmo 127,4

Bienvenido mi estimado hermano en Cristo.

Antes que nada, te felicito por tu deseo de acercarte a la Biblia. Este libro te ayudará a lograr una lectura que te será de mucha bendición pues por medio de la 'palabra de Dios' crecerás en abundancia para tener una verdadera vida cristiana.

Sin duda alguna, en los últimos años se ha producido un gran despertar bíblico entre los católicos. Aunque en la iglesia siempre se le ha dado un lugar privilegiado, es un hecho que en los últimos años esto se ha hecho mucho más común.

Prueba de esto, es la multiplicación de ediciones católicas de la Biblia en todos los idiomas.

Además, se multiplican los círculos bíblicos; grupos de oración; pequeñas comunidades; encuentros de iniciación y reflexión bíblica.

Su Importancia en la vida diaria

Esto es un hecho sumamente positivo pues así podemos usarla cotidianamente en todo ¡Cómo no va a ser positivo que se conozca en forma directa la Palabra que fundamenta y alimenta toda nuestra fe! Conocerla y vivirla será una lluvia de bendiciones para tu vida.

Dice en la biblia:

"Tu Palabra es una lámpara para mis pasos, y una luz en mi camino"
Sal. 119, 105

Al ir conociendo cada vez más esta 'lámpara' irás descubriendo que la palabra de Dios nos sirve para iluminar toda nuestra vida y así, al mirar con más claridad, tomaremos decisiones cristianas que harán crecer el reino de Dios a nuestro alrededor en nuestra vida, nuestra familia y nuestra sociedad.

Dificultad para iniciar

Sin embargo, el entusiasmo inicial por la lectura de la Biblia se transforma muchas veces en una especie de decepción.

Personas que trataron de empezar a leerla sin una ayuda poco después dicen:

- "Yo leí la Biblia un poco pero no le entendí".
- "Empecé a leerla, pero me aburrí".
- ¿Por dónde empiezo?
- "Si comencé, pero hablaba de guerras y otras cosas que no me gustaron".

Estas son frases que comúnmente están en labios de personas muy sinceras y llenas de buena voluntad, pero que se topan con el hecho de no saber cómo leerla. Como consecuencia, a menudo se abandona el deseo de conocer la palabra de Dios.

Es precisamente por eso que decidí hacer este libro, para ayudar a todos aquellos que quieren aprender a leer la biblia con provecho. Ahora, con la gracia de Dios, lo tienes en tus manos y ten la seguridad que te ayudará en abundancia a lograr sacar mucho fruto espiritual a la palabra de Dios. En realidad, en mayor o menor grado a todos nos pasa lo que le sucedió a aquel funcionario de la reina de Etiopía que volvía de Jerusalén leyendo al profeta Isaías: ¿Cómo lo Puedo entender, si Nadie me lo explica?". Hech 8,31

Así que ánimo. Es común, que sea difícil el hacerlo si no se tiene una guía. Sin embargo, si sigues los consejos que aquí te compartimos descubrirás que es mucho más fácil de lo que te imaginas.

Todos los creyentes debemos leer la Biblia porque:

"toda la Escritura es dada por el aliento de Dios, y útil para enseñar, para rebatir, para corregir, para instruir en justicia"
(2 Tim 3,16)

Capítulo 1

¿Por dónde empezar la lectura de la Biblia?

"Conservo tu Palabra en mi
corazón, para no pecar contra ti'
Sal. 119, 11

Muchas veces en los cursos alguien me pregunta: ¿Cómo es mejor leer la Biblia? ¿En qué orden? ¿Por dónde empiezo?

Si ya iniciaste, tal vez hayas hecho lo que muchos hicimos, y no hay que hacer, leerla de corrido desde el principio. Eso, lo que muchas veces provoca son dudas, preguntas y un aburrimiento que muchos dicen: "Mejor la dejo" 'Empecé, pero no me gustaron algunas cosas que leí' 'Trate de leerla, pero habla de cosas que no entiendo' etc.

Eso pasa porque lo hicieron sin una pequeña guía que les sirviera para saber cómo hacerlo y ese es precisamente el objetivo de este libro.

Hay varias formas o métodos para leerla. En este capítulo te propongo uno muy práctico y efectivo.

El orden a seguir

Ya que Cristo es el centro de toda la Biblia, para leerla "cristianamente" sigue este orden:

a) Comienza por los Evangelios, y entre ellos por el de san Marcos, siguiendo por el de san Mateo y luego, por el de san Lucas y por último el de san Juan. Esto te ayudará a entrar en relación directa con Jesucristo.

b) Continua con los Hechos de los Apóstoles -llamado así porque en ellos encontrarás como la iglesia se fue desarrollando por la obra de los apóstoles.

c) Después puedes leer las Cartas de san Pablo a los cristianos de Roma, Corinto, Éfeso, Tesalónica, Galacia, y luego las Cartas, de Santiago y las de san Pedro.

d) Finalmente, habría que leer las cartas de san Juan, dejando para el final la lectura del Apocalipsis.

e) Ahora sí, después de eso, ya es momento de leer los libros del antiguo testamento, empezando por el primer libro que es el del génesis.

¿Por qué no empezar desde el principio?

La razón es que los primeros 46 libros forman el antiguo testamento y estos libros nos hablan de la alianza entre Dios y el pueblo de Israel. Al mismo tiempo es la preparación para la venida de Jesucristo.

En cambio, los 27 libros que leerás primero son el llamado nuevo testamento que nos habla de la alianza entre Dios y la Iglesia por medio de Jesucristo. Cristo es la plenitud de la buena nueva y por eso iniciamos por el nuevo testamento.

Notarás al leer los libros del antiguo testamento algunas cosas que se te harán difícil de entender, pero no te preocupes, más adelante te explicaré algunas bases para poder comprenderlas.

Aclaremos algo, la palabra ,Biblia' viene del griego, 'byblios' que significa libros o conjunto de libros. En este caso son 73 libros, a la biblia protestante le faltan 7 por lo que ellos tienen 66.

Por lo pronto no olvides esto:
Jesucristo es el centro de toda la Biblia" Las páginas de ambas Alianzas(testamentos) se confirman mutuamente'. (San León Magno, s. V).

En los libros del antiguo testamento se anuncian las promesas de la nueva alianza en Jesucristo. En el nuevo testamento Cristo mismo viene a cumplir esas promesas.

Al empezar a leer la biblia por los libros del nuevo testamento, busca el primero que es el evangelio de san Mateo.

Si no lo encuentras puedes ir al índice para encontrar la página donde se encuentra.

Cada día puede ir leyendo un poco.

En los siguientes capítulos explicaremos como hacer bien esa lectura de la palabra de Dios.

Capítulo 2

5 Claves para hacer vida la palabra de Dios

"Felices los que escuchan la Palabra de Dios y la practican".
Lc. 11, 28

Pasemos ahora a compartirte las 5 claves para lograr que lo que estamos leyendo se convierta en vida.

Antes de mirarlas te comparto un testimonio de alguien que hizo eso precisamente.

Fui a dar un curso a Oklahoma y se acerca a mi una señora y me dice: 'Mi yerno ha cambiado mucho'. Eso me llamó un poco la atención, pero no platicamos más.

Tiempo después regrese de nuevo a otro curso y de nuevo la misma persona me dice: 'Mi yerno ha cambiado bastante gracias a Dios'. Entonces pensé: 'Aquí hay algo extraño, porque **no** es muy común escuchar hablar a una suegra tan bien de su yerno'.

Hable con el yerno y él me dice: 'Martín, es cierto, Dios ha cambiado bastante mi vida, soy otro'. – Y qué es lo que más te ha ayudado a lograrlo. – Él me contestó: ,Mira, yo antes tomaba mucho y cada fin de semana me embriagaba y me dormía a la una o dos de la mañana'.

- ¿Y a ahora?
- Ahora también me acuesto a la una o dos.
- ¿Cómo? Le digo yo: Entonces, ¿Qué cambió?
- No, me dice. Lo que pasa es que un día le pide perdón a Dios y dije: si antes me desvelaba embriagándome, ahora me voy a desvelar también, pero leyendo la biblia, hasta la una o dos de la mañana.

¡Tremendo! Este hombre en pocos meses fue transformado por el poder de la palabra de Dios en la Biblia. Hizo 'vida' lo que iba meditando y leyendo.

Si quieres que algo similar suceda en tu vida sigue estas cinco claves:

1. Jesucristo es el centro de toda la Biblia.

Como todos sabemos y más adelante lo vamos a analizar mejor, para nosotros los cristianos, la Biblia consta de dos grandes partes, que llamamos el Antiguo y el Nuevo Testamento.

La Biblia es una sola. Es como una planta que hunde sus raíces en el Antiguo Testamento y florece en el Nuevo. Y las dos partes que la componen encuentran su unidad en Cristo.

Él es la clave que nos permite descifrar su sentido más profundo. "Toda la Biblia gira alrededor de Jesucristo: el Antiguo Testamento lo considera como su esperanza, el Nuevo como su modelo, y ambos como su centro". Esta expresión de Pascal -matemático, físico y filósofo del siglo XVII- resume muy bien el lugar de Cristo dentro de la Escritura. Cristo es el centro de la biblia y nuestra meta al leerla es conocer más a Jesucristo y vivir su mensaje para ser verdaderos cristianos.

2. Descubriendo la clave de la salvación.

En cada palabra que vamos leyendo en las Escrituras, vamos a ir descubriendo que la palabra de Dios nos enseña el camino de la salvación. Nos habla de nuestro origen y de nuestro destino, de la redención realizada por Jesucristo y del modo de conseguir personal y comunitariamente nuestra salvación.

La segunda clave es no mirar la biblia como un simple libro a conocer o por curiosidad sino buscar en ella como fortalecer nuestra fe en, Jesucristo que no ha venido a condenar, sino a salvar' (Jn 12,47) Todo en la Biblia está escrito directa o indirectamente a la salvación del ser humano. Nuestra salvación.

"La Biblia no enseña cómo va el cielo, sino cómo se va al cielo" San Agustín

3. En clave del estilo de "amar de Dios.

Dice en la sagrada escritura:

"Ámense como yo los he amado"
Jn 15,12

Esta tercera clave quiere decir que al ir leyendo la biblia vamos a ir conociendo el estilo o forma de amar de Dios, para que así nosotros vayamos transformando nuestra manera de amar.

Una de las situaciones principales que se da en nuestras familias es que todos nos amamos, pero a pesar de eso, hay muchísimos problemas. Eso se debe que nos 'amamos' pero cada uno ama a su forma de creer y pensar. Nos urge conocer la forma de amar de Dios y así todos estaremos sintonizados en el 'estilo de amar' de Dios.

Al leer la palabra de Dios irás conociendo el estilo de amar de Jesucristo para que sigas su ejemplo.
Hazlo y notarás la diferencia.

4. Mirarla como un "Plano" de construcción

En Estados Unidos es prácticamente imposible construir una casa sin un 'plano'. Es un requisito muy valioso, pues de esa manera se aseguran que todos antes de construir una casa sepan y sigan los códigos de seguridad.

Si miras la Biblia como si fuera un "plano" para construir tu vida te servirá enormemente. No inviertas tiempo en querer construir tu vida y la de tu familia de acuerdo a los 'códigos' o formas que tu pienses. Ni mucho menos quieras reconstruir los que has hecho mal, pues de todas maneras saldrá mal o peor.

Mejor invierte mucho tiempo en conocer 'la biblia' mirándola como 'el plano' donde Dios mismo te irá diciendo y dando las instrucciones de como debes de construir o reconstruir tu vida.

"Si uno escucha estas palabras mías y las pone en práctica, dirán de él: aquí tienen al hombre sabio y prudente, que edificó su casa sobre roca".
Mt 7,24

Cada vez que leas la Biblia mírala con el deseo de ir edificando tu vida y la de tu familia sobre la roca que es Jesucristo. Como verdaderos cristianos, hay que tener ,la biblia en una mano, y el catecismo de la Iglesia en la otra.

5. En clave de santidad

Otra de las actitudes que hay que tener siempre presente al leer la biblia es que la leemos no solamente para conocerla o estudiarla sino para crecer en santidad.

Dice en la biblia:
"Por su parte, sean ustedes perfectos como es perfecto el Padre de ustedes que está en el Cielo. Mt 5,48

Al leerla de esta manera, siempre será un impulso para seguir creciendo en nuestra vida espiritual. Hay muchos católicos que van a misa y están en grupos, pero desafortunadamente *se han estancado en su vida espiritual y una de las razones de ello es porque han dejado de leer la biblia.*

Ya no están luchando por crecer y se han estancado. Ah, y recuerda que el agua estancada no huele bien, más bien huele bien mal.

En cambio, si leemos la biblia constantemente, y en nuestro corazón está el deseo de progresar en santidad, entonces por la gracia de Dios y nuestra respuesta, seguiremos avanzando en la fe.

En el concilio vaticano II la iglesia nos dice que **veneramos la sagrada escritura tal como lo hacemos con la sagrada eucaristía**. (Constitución dogmática Dei Verbum No. 21)

Por eso, acudamos constantemente a ella para alimentarnos y seguir creciendo hasta la estatura de Jesucristo.

Capítulo 3

¿ Cómo encontrar las citas bíblicas ?

"Me anticipo a la aurora para implorar tu ayuda: Yo espero en tu Palabra" Sal. 119, 147

Otra de las cosas que comúnmente nos pasa al iniciar la lectura de la biblia es que escuchamos a alguien decir: ,Busquen el libro de proverbios en el capítulo 3 versículo 8 o busquen la carta a los gálatas en el capítulo 2 verso 12. Uno se queda pensando: ¿Y eso dónde está?

Uno empieza a buscar al principio, al final o por donde sea y no aparece. Mientras tanto, otros con más experiencia la encuentran rápido, la leen, el que predica dice otra cita bíblica y nosotros sin encontrar la anterior mejor decidimos cerrarla y nos dedicamos a escuchar. ¿Te ha pasado eso alguna vez?

<u>Para que no pase eso sigue estas pistas o tips:</u>

• Busca un separador o incluso un papelito y antes de que inicie el evangelio de san Mateo colócalo. Así podrás rápido diferenciar entre los libros del antiguo testamento y los del nuevo.

• En las primeras páginas de la Biblia, o a veces al final, busca el índice donde está la lista de todos los 73 libros y el orden en que van. Dale una buena mirada o varias leídas para que así cuando los mencionen tú puedas tener alguna idea de donde se encuentra ese libro.

• Cada uno de los 73 libros está dividido en capítulos y cada capítulo se divide en versos o versículos. Eso se hizo para encontrar con mayor facilidad los pasajes bíblicos.

• El capítulo de un libro siempre es el número grande y el verso o versículo es el número pequeño.

• Entonces, cuando escuches o leas una cita de la biblia, primero identifica si es del antiguo o del nuevo testamento; luego buscas el libro; después localizas el capítulo en ese libro y finalmente el versículo.

• Un ejemplo sería encontrar el evangelio de san Marcos capítulo 12 verso 9.

• Normalmente las citas se escriben abreviadas. En el ejemplo anterior sería escrito así Mc 12,9

• En el índice de tu biblia o muy cerca de él normalmente ponen las abreviaturas de la biblia. Si no las trae, al final de este librito puse un apéndice donde las podrás encontrar.

Otros símbolos importantes son:

- La , coma. Esta sirve para separar los capítulos de los versículos. A la izquierda es el capítulo y a la derecha el versículo.

- El . Punto. Es como si leyeras una 'y'. Por ejemplo Mt 8.12 sería Mateo capítulo 8 y capítulo 12. Mt 8,5.9 sería Mateo capítulo ocho verso cinco y verso nueve.

- El ; punto y coma normalmente sirven para separar una cita de la otra.

- La 'ss' quiere decir siguientes. Un ejemplo sería poner Rom 12,3ss lo que quiere decir que leamos la carta a los romanos en el capítulo doce el verso tres y siguientes.

- 'a' 'b' 'c' se ponen cuando un versículo es muy largo y lo dividen en partes.

Eso es todo, o como dicen los americanos , That is it'. ¿Verdad que no era tan difícil como parecía?

Práctica

Busca estas importantes citas bíblicas y medítalas un poco:

Hech 4,29
Fil 4,13
1 Cor 12,1
Mt 16,18
Jn 6,54

Capítulo 4

Decálogo para leer con provecho la Biblia

"Lámpara es a mis pies tu palabra,
Y luz para mi camino"
Sal. 119, 105

Te comparto a continuación una versión adaptada de un excelente artículo que hizo el obispo Mario de Gasparín llamado "Decálogo para leer con provecho la Biblia". De esta manera conocerás las diez cosas más importantes que hay que hacer para aprovechar la lectura de la biblia.

Lee y medita cada uno de ellos:

1.- Nunca creer que somos los primeros que han leído la Santa Escritura. Muchos, muchísimos a través de los siglos la han leído, meditado, vivido, transmitido.

Los mejores intérpretes de la Biblia son los padres de la Iglesia y los santos.

No tenemos que inventar interpretaciones novedosas. Si hay dudas simplemente hay que ver lo que ellos ya leyeron y vivieron desde hace muchos siglos.

2.- La Escritura es el libro de la comunidad eclesial. Nuestra lectura, aunque sea a solas, jamás podrá ser en solitario. Para leerla con provecho, hay que hacerlo en comunión con la Iglesia que es conducida y guiada por el Espíritu Santo.

3.- La Biblia, más que leer 'algo' es entrar en relación con "Alguien". ***Al leerla buscamos encontrarnos con Dios***, con su palabra que nos sana, salva y libera. Por eso se lee y celebra a la vez.
La mejor lectura de la Biblia es la que se hace en la Misa. Al mismo

tiempo, es necesario leerla en casa; en la calle y en todo lugar. Claro, excepto cuando se está manejando.

4.- *El centro de la Santa Escritura es Cristo*; por eso, todo debe leerse bajo la mirada de Cristo y cumplido en Cristo. Cristo es la clave principal para comprender toda la Santa Escritura.

5.- Nunca olvidar que en la Biblia encontramos hechos y dichos, obras y palabras íntimamente unidas unas con otras; las palabras anuncian e iluminan los hechos, y los hechos realizan y confirman las palabras.

6.- Una manera práctica y provechosa de leer la Escritura es **comenzar siempre con una oración antes de leerla**.

Necesitamos del espíritu santo para poder comprenderla y también para poder vivirla. Al final, dar gracias.

7.- La Biblia se conquista como la ciudad de Jericó: Dándole vueltas. Por eso, es bueno leer los textos paralelos. Eso quiere decir buscar otros textos de la biblia que hablen del mismo tema. En la biblia latinoamericana a un lado o margen de lo que estés leyendo verás otras citas bíblicas, eso son textos paralelos o textos que hablan de algo similar.

Es un método entretenido y muy provechoso. Un texto aclara al otro, según aquello de San Agustín: "El Antiguo Testamento queda patente en el Nuevo y el Nuevo está latente en el Antiguo".

8.- La Biblia debe leerse y meditarse con el mismo Espíritu con que fue escrita. No es un simple libro para estudiar sino ***una carta de Dios para darnos a conocer su plan de salvación.*** Al leerla, hay que preguntarnos constantemente qué es lo que Dios nos quiere decir con ello.

9.- Nunca debe utilizarse la Santa Biblia para criticar y condenar a los demás. Ojo, mucho ojo. Sobre todo, no usarla para atacar al esposo, hijos etc. A los protestantes tampoco se les ataca. Más bien, se les da respuestas bíblicas para evangelizarles, que es diferente.

10.- Todo texto bíblico tiene un contexto histórico donde se originó y un contexto literario donde se escribió. Un texto bíblico, fuera de su contexto histórico y literario, es un pretexto para manipular la Palabra de Dios. Cuando quieras profundizar algo recuerda leer lo que esta antes y lo que esta después. También puedes investigar que significaba eso en aquel tiempo y como lo vivían. Recuerda que el texto, fuera de contexto, sirve de puro pretexto.

No olvides leer varias veces cada uno de estos 10 mandamientos y meditarlos, pues tienen un profundo significado.

Avancemos en el siguiente capítulo, un poco más.

Capítulo 5

4 Actitudes necesarias para sacar más provecho espiritual

" ¡Qué dulce es tu Palabra para mi boca, es más dulce que la miel! "
Sal. 119, 103

Si deseas sacar mucho más beneficio espiritual a la hora de leer la santa biblia te recomiendo estos 4 pasos que son actitudes internas necesarias para obtener más fruto:

1. Escucha: Es necesario que te acerques a la palabra de Dios con reverencia y actitud atenta para poder escuchar 'la voz de Dios'. Recuerda el pasaje en que Moisés, ante la zarza ardiente, contempla y Dios le dice: 'descálzate porque el lugar que pisas es sagrado' (Ex 3, 1-6).

La Palabra de Dios es para nosotros, como la zarza, un misterio que nos atrae. Pero hemos de acercarnos 'descalzándonos' o sea quitándonos de todo aquello que nos impide acogerla como merece (ruidos, prisas, preocupaciones, etc.).

Solamente así podremos **escuchar que Dios habla a nuestro corazón** por medio de su palabra.

2. Compromiso de vida: La lectura de la Biblia nos exige una armonía entre lo que leemos y lo que vivimos. Es la decisión radical y constante de vivir según el Evangelio, de seguir a Jesús como sus discípulos. Si esto no lo tenemos claro y queremos hacer compatible la fe con una vida desordenada, la lectura de la biblia no puede dar ningún fruto.

3. Perseverancia: Nosotros somos impacientes muchas veces y queremos ver en seguida los resultados, pero Dios tiene una pedagogía más pausada. La Palabra leída, meditada, orada y contemplada es en nosotros como una semilla que da fruto de forma misteriosa, poco a poco, según los planes de Dios. Por eso *es necesario perseverar meses o años* en ello.

4. La lectura comunitaria facilita este aprendizaje y nos ayuda a perseverar. Por eso, aparte de leerla a solas, trata de integrarte a algún grupo de estudio de la Biblia; pequeña comunidad; grupo de oración etc. Siempre y cuando sean unidos a la Iglesia católica que es la que le dio vida a la Biblia.

Sigue estos cuatro pasos anteriores y notarás que el provecho espiritual al leer la biblia se multiplicará.

"De la misma manera que el apetito terreno es una de las mejores pruebas de salud corporal, también *el apetito de la Palabra de Dios es una señal bastante segura de la salud espiritual*".
San Francisco de Sales, s. XVII

Estas sabias palabras de este santo nos señalan que vas por buen camino.
Si estás leyendo este libro y estás leyendo la biblia es un buen signo de tu vida espiritual. Pues tener 'apetito' por leer la Biblia es un buen síntoma de querer alimentar el alma.

Lee en tu biblia y medita estos pasajes: Rom 12,1; Ef 6,18; Jn 21,15; Lc 1,48; Jn 20,22-23; 1Cor 11,23-28

Capítulo 6

Leyendo la Biblia al estilo de la "lectio divina"

"Desconocer las escrituras, es
desconocer a Jesucristo"
San Jerónimo

Esta forma, que en seguida te comparto, es una de las más conocidas y provechosas de leer la Biblia. Se ha hecho por siglos en la iglesia y actualmente está resurgiendo con una gran fuerza. De una manera adaptada usaremos lo mencionado por el obispado de Tenerife, España.

¿Qué es la Lectio Divina?

La expresión 'Lectio Divina' viene del latín y significa: 'lectura divina'. Es una práctica usada por los monjes, pero poco a poco, con el pasar del tiempo, se fue difundiendo entre todos los creyentes. También se le llama lectura orante de la Biblia.

Se trata de una manera de profundizar en la Escritura, no tanto desde el estudio, sino desde la oración, **para llegar a un encuentro personal, de "tú a tú" con Dios**.

Es una forma de entrar en conversación (o diálogo) con Dios, quien nos habla a través de su palabra y nosotros le respondemos.

Más que un método, la Lectio Divina es un 'camino' ya que no se trata de una técnica como si habláramos de una receta. Decimos que se trata de un camino porque cada uno lo realiza vivencialmente.

El camino y la meta son Cristo mismo, y por él vamos ascendiendo hasta Dios.

¿Cuál es el camino que sigue esta forma de leer la biblia?

Para esto, se presenta esta lectura como una escalera de cuatro peldaños:

- Lectio (lectura)
- Meditatio (meditación)
- Oratio (oración)
- Contemplatio (contemplación),

Cuatro pasos, que son la estructura del método:

$$\text{Contemplación}$$
$$\text{Oración}$$
$$\text{Meditación}$$

Lectura

En este proceso cada paso nace del anterior. Cierto que cuando uno está empezando a practicarlo, se sube cada peldaño de forma consciente, pero a medida que el orante se familiariza con este método, se va realizando el proceso automáticamente pasando de uno a otro como el día sucede a la noche: de forma gradual.

Antes que nada, cuando se va a dedicar un rato a leer la biblia siguiendo el estilo de la Lectio Divina, hay que buscar un espacio con el adecuado silencio que facilite la oración, un lugar donde uno pueda estar ese rato cómodo, y sabiendo que dispones del tiempo suficiente para poder llevar a cabo todo el proceso.

Es fundamental ese primer momento para que haya una 'ruptura' con el ritmo de la vida ordinaria de modo que se pueda estar a la escucha de la Palabra, este esfuerzo por 'desconectarse' es, a veces, lo más difícil.

Entre las disposiciones de la lectura orante debe haber: *fe y apertura al Espíritu, pureza de corazón, docilidad, espíritu de oración, conversión continua, comunión con la Iglesia.*

Al comienzo, pues, pedimos el Espíritu Santo, el mismo Espíritu que descendió sobre los apóstoles, haciendo posible su comprensión y aceptación de Jesús (Jn 16,13).

Él viene sobre nosotros para que la palabra sea engendradora de vida y verdad.

Los cuatro pasos.

1. Lectura: ¿Qué dice el texto?

La Biblia no es un libro anticuado e insignificante para nuestra vida, sino actual y lleno de significado.

Tiene mucho que decirnos sobre nosotros mismos, sobre el mundo y sobre el momento histórico que vivimos. Pero para descubrir la unión entre esa Palabra, escrita hace siglos, y nosotros, hemos de leer de forma constante y continua, perseverante y diaria la Biblia, hasta familiarizarnos con ella.

La lectura busca la dulzura de Dios, y como es el punto de partida, debe hacerse con atención y respeto.

Lo primero es leer y releer el texto que más te haya llamado la atención. Luego ve identificando los personajes y la acción, preguntándose por el contexto y los destinatarios, para averiguar qué es lo que el autor quiso decir. No se trata de un estudio en profundidad, pero si es bueno hacerse alguna de las siguientes preguntas:

¿Es un relato, un poema, una enseñanza, etc.? ¿Dónde se sitúa el pasaje bíblico: época, lugar, motivo, etc.? ¿A quiénes les escribió el autor? ¿Qué nos dice sobre Dios? ¿Nos habla algo acerca del mundo de entonces, o de la historia, o de las personas? Etc.

Se trata de conocer lo que dice ese pasaje bíblico, no de lo que yo pienso o de lo que me han comentado. Es decir: ¿Qué dice el texto en su contexto?

No hay una norma fija para saber cuándo se pasa al siguiente momento, la meditación, pero cuando ya se ha dedicado un rato suficiente para tener una idea clara del texto y sintamos el deseo de saborear el pasaje, es hora de dar el segundo paso.

2.- Meditación: ¿Qué me dice a mí?

Por la meditación se penetra en el fruto que la letra nos ha mostrado, nos ayuda a descubrir el sentido que el Espíritu quiere comunicarme hoy, a través de los diversos pasajes de la Biblia. Lo fundamental sería llegar a comprender ,¿Cuál es el mensaje que este pasaje tiene para mí? ¿o para nosotros?

Esto se realiza '***rumiando***', masticando, la Palabra en nuestro interior de modo que pase de la boca al corazón.

Por ello es bueno resumir lo que hemos leído en una frase para repetirla en este momento, y quizás luego durante toda nuestra jornada, como una gota de agua que cae constantemente sobre la roca hasta horadarla, así debe caer la Palabra de Dios hasta penetrar el corazón endurecido como pedernal y lograr transformar nuestra persona.

En este proceso, lento pero real, es el Espíritu Santo, presente verdaderamente en la Palabra, el que realiza esa transformación.

> Es aquí donde se establece el diálogo entre lo que Dios nos dice en su Palabra y lo que sucede en nuestra vida.

Se medita reflexionando, nos pueden ayudar algunas preguntas como estas: ¿Qué diferencias y parecidos hay entre lo que estoy leyendo y mi vida? ¿Qué cambio debiera haber en mi vida? ¿Qué debería crecer en mí? Etc.

Cuando ya vemos claro lo que Dios nos pide, también aparece clara nuestra propia incapacidad, nuestras debilidades para para hacer lo que la Palabra nos está sugiriendo. Ese es el momento de pasar a la Oración, de pedir a Dios su ayuda para que podamos responder.

3.- Oración: ¿Qué me hace decirle a Dios?

La oración, provocada por la meditación, comienza con una actitud de admiración silenciosa y de adoración al Señor; es la segunda parte del diálogo que iniciamos con la meditación, y la pregunta que nos motiva en este momento sería algo así: ¿Qué me inspira decirle a Dios el pasaje bíblico que he meditado?

Si hasta ahora habíamos escuchado a Dios, ahora esa escucha nos mueve a dirigirnos a Él. En la oración entran en juego el corazón y los sentimientos.

En este momento especialmente dedicado a la oración, el creyente responde a Dios, movido por el Espíritu.

Es una respuesta profundamente nuestra, que se expresa en la súplica, la alabanza, la acción de gracias, la queja, etc.

Quizás nos pueda inspirar rezar alguna oración que ya conocemos, un salmo, etc. Para pasar, por último, a la contemplación no hay un momento claro.

"**Hablar con Dios es más importante que hablar de Dios**", decía san Agustín. El hombre bíblico es un "orante", sea ante el Muro de los Lamentos o en las sinagogas, en los templos cristianos o en la celda de un convento". En la oración podemos "rumiar" la Palabra de Dios, como María -la hermana de Lázaro- "sentada a los pies del Señor".

4.- Contemplación: ¿A qué conversión me invita?

La Contemplación es el punto de llegada de leer la Biblia con este método; es la actitud de quien se sumerge en lo meditado para descubrir en los acontecimientos de su vida la presencia activa de Dios a través de su Palabra.

Además, la palabra nos invita a comprometernos más con la transformación de nuestro alrededor.

En vez de ser una evasión de la realidad, es una profundización en lo profundo de ella para descubrir cómo colaborar con Dios en su plan de Salvación.

Hay que cuidar de que esta práctica no nos lleve a una piedad aislada de la vida real sino comprometida.

La Sagrada Escritura es...			
Palabra de Dios escrita por inspiración del Espíritu Santo confiada a la Iglesia para la salvación			
Leer	**Meditar**	**Orar**	**Contempla / practicar**
¿Qué *dice* el texto bíblico?	¿Qué nos dice el Señor por su Palabra?	¿Qué le decimos al Señor motivados por su Palabra?	¿A qué conversión y acciones nos invita el Señor?

Capítulo 7

¿ Qué hacer cuando encuentre pasajes difíciles de entender ?

"Tomen la espada del Espíritu, que es la Palabra de Dios".
Ef. 6, 17

Encontrarás en algunas ocasiones, al estar leyendo la biblia, algunas cosas difíciles de entender. Eso es normal y no hay que preocuparse, sino ocuparse de ello.

De hecho, desde el principio, ya el apóstol san Pedro nos dijo acerca de las cartas de san Pablo:

> *"Hay en ellas algunos puntos difíciles de entender, que los ignorantes y poco firmes en la fe interpretan torcidamente para su propio daño, como hacen también con las demás Escrituras."*
> 2 Pe 3,16

Cuando esto te llegue a suceder sigue los siguientes pasos:

a) Lee los comentarios que están en la parte inferior del pasaje que estás leyendo.
Todas las biblias católicas traen comentarios para aclarar algunos pasajes bíblicos o para profundizar sobre ellos.

Cuando leas la biblia notarás que muchas veces en la página que estás leyendo, en la parte de abajo vienen comentarios con otro tipo de letra o separados por una raya o barra.
Estos comentarios no son la biblia, sino explicaciones que ayudan comprender mejor algunos pasajes bíblicos. Las biblias protestantes no

los traen y por eso hay tanta confusión en esas iglesias.

Muchas veces las dudas o inquietudes se aclaran leyendo estos comentarios.

b) La biblia no se escribió ayer y nosotros no somos los primeros en leerla. Por eso, cuando haya dudas, otra forma de solucionarlas es acudiendo a quienes ya la leyeron y explicaron desde hace muchos siglos.

Leer libros de los santos y de padres de la iglesia son armas muy fuertes para poder comprenderla mejor, ya que ellos pasaron mucho antes que nosotros por esos pasajes de la biblia y nos dan una buena interpretación.

c) Si al leer las escrituras te salen algunas dudas como si lo que leíste fuera en contra de lo que creemos no te preocupes. Simplemente **es cuestión de profundizar un poco y todo se aclarará.** Un excelente libro que debes de tener y que te ayudará a aclarar las dudas se llama "Respuestas católicas inmediatas".

d) Cuando surgen preguntas sobre algunos pasajes *algo que no debes de hacer* es lo que hacen lo protestantes de interpretarlo cada quien a su modo. Así se resuelve su duda, pero se inventan doctrinas. San Pedro en su carta dice: "Sépanlo bien: ninguna profecía de la Escritura puede ser interpretada por cuenta propia". 2 Pe 1,20

Por eso **acudir al magisterio de la iglesia** presente en los obispos y el

Papa es algo que nos ayudará a interpretar la biblia correctamente. Tener el catecismo de la iglesia y otros documentos del Papa son una excelente idea. Jesucristo dejó apóstoles (Lc 10,16), no biblias, y por eso la iglesia es el pilar y columna que nos ayuda a entender las sagradas escrituras. (1 Tim 3,15)

e)   Otra cosa que podrías hacer cuando te surja alguna duda es tener a la mano un buen diccionario de la biblia, por supuesto que sea católico. Si bien en esta área hay algunos buenos diccionarios entre los hermanos protestantes te recomiendo mejor uno que sea católico pues así asegurarás una perspectiva más completa.

Si no lo encuentras en donde estás puedes encontrar uno de muy buena calidad llamando al número (480) 598-4320 o en el sitio www.defiendetufe.com

f) Por último, si la duda persiste, simplemente busca a un sacerdote, religiosa, catequista o alguien preparado en tu parroquia para que te ayude.

Capítulo 8

6 Formas equivocadas de leer la biblia

"Reciban con docilidad la Palabra
sembrada en ustedes, que es
capaz de salvarlos.
Pongan en práctica la Palabra y no
se contenten sólo con oírla".
Stgo. 1, 21-22

Este capítulo te ayudará a conocer seis formas de cómo no se debe de leer la Biblia.

1.   Donde '*caiga*' al estilo de las sectas... y de algunos católicos también. Algunos cierran la biblia hacen oración y luego abren la biblia al azar para así 'pretender' conocer la voluntad de Dios. Esta es una forma de leer la biblia que nunca hay que hacer pues Dios nunca prometió comunicarse de esa manera.

No vaya a pasar como a aquel católico que tenía ganas de fumar, hizo oración, abrió la biblia al azar y lo primero que encontró fue: 'lo que haz de hacer, hazlo pronto' y se puso a fumar. Que hubiera hecho si le toca el pasaje bíblico que dice: 'y judas se ahorco'. Por eso, esta manera de 'leerla' no es la más recomendable.

2. Leerla de una manera ***fundamentalista***. Otra forma errónea de entender la biblia es tomarla toda de una manera literal, al pie de la letra. Como aquel pastor protestante que pone a besarse en la boca a todos los miembros de su iglesia porque encontró el saludo de san Pablo diciendo 'bésense con un beso santo'. Si le toca 'bigotón' ni modo. O el otro caso de la muchacha evangélica que fumaban marihuana en su secta antes de la oración y decía que era bueno porque en la biblia dice que 'todo lo que Dios creo era bueno'.

Una lectura fundamentalista hizo que muchos de la iglesia episcopal, a donde se fue el famoso padre Alberto, digan que es bueno ser homosexual porque Cristo dijo 'ámense los unos a los otros' y ellos se aman. No lo olvides: "Fundamentalismo en religión, es segura confusión".

3.   La tercera forma equivocada de leer la sagrada escritura es hacerla sin estudio, **pensando que con solo pedir el espíritu santo se va a comprender bien** la palabra de Dios. Orar pidiendo el Espíritu santo es necesario, pero no es lo único. Hacerlo así es camino seguro a la mala interpretación.

Es necesario ir poco a poco profundizando en el conocimiento de ella. Las sectas piensan que con sólo orar la entenderán y el resultado es miles y miles de iglesias o sectas divididas, cada quien entendiendo la biblia a su modo.

Oremos pidiendo el Espíritu Santo, pero al mismo tiempo estudiémosla con seriedad y profundidad.

4. **Asilamiento – individualismo**: Ya se ha dicho que un peligro es el aislamiento. Nuestra lectura bíblica no es una búsqueda artificial de paz, no se trata de un método de relajación. Proporciona paz porque Cristo da la paz que el mundo no puede dar, pero al mismo tiempo nos impulsa al compromiso con la transformación de nuestro mundo. El Objetivo de Leer la palabra de Dios no es conducir al lector-orante cristiano a una piedad intimista,

individualista, encerrada en 'su gozo del Señor', sino el de guiarlo a través de un itinerario espiritual que le identifica con Cristo y le abre a la misión en el mundo.

5. *"**Esoterismo**"*: También existe la tentación de ser tan originales que de la lectura bíblica lo que busquemos sea encontrar 'mensajes ocultos' 'códigos secretos' o ideas contrarias a la doctrina de la Iglesia. No nos engañemos, el contenido de la fe no va a cambiar, lo que creemos recoge la esencia de la Revelación, y por lo tanto, del mensaje de la Biblia. Lo que sí vamos a conseguir, si la leemos bien, es hacer viva en nosotros la presencia de Dios.

Entrar en diálogo con Él, alentarnos en nuestro compromiso

cristiano e ir familiarizarnos con el tesoro que encierra la Biblia. En definitiva, conseguir que el Espíritu Santo sea quien mueva nuestra vida.

6. ***Inconstancia:*** Por último, ya hemos comentado que otro riesgo es la falta de perseverancia. Hay personas como los monjes, sacerdotes o personas comunes que llevan años practicando la Lectura de la palabra de Dios y a algunos no se les notará de una forma muy espectacular.

Pero cuando uno tiene ocasión de tratar con alguno de ellos puede descubrir que ahí hay un verdadero creyente, con una fe fuerte, y con capacidad de transmitir a un Dios vivo. Esto no se logra con una semana, sino que hay que perseverar en esto durante toda la vida.

Lucha contra la flojera o inconstancia que a veces nos gana. Leer la biblia solamente de vez en cuando da pocos frutos.
En cambio, si constantemente acudimos a ella, aunque sea un poquito de tiempo, eso irá penetrando en lo más profundo de nuestro ser y Dios irá transformando nuestra vida al estilo de la de Jesucristo.

Capítulo 9

Tus versículos favoritos
de la biblia

'La hierba se seca, la flor se marchita, pero la Palabra de nuestro Dios permanece para siempre'.
Is 40,8

Algo que ha ayudado a mucha gente a disfrutar y sacar mucho provecho de la biblia es el **ir marcando tus citas bíblicas preferidas.**

Es muy sencillo, práctico y provechoso. Simplemente al ir leyendo las sagradas escrituras y encuentres algún pasaje bíblico que te llame la atención y te guste subráyalo con un marcador fosforescente. Es fácil conseguir estos marcadores en cualquier lugar que vendan artículos para oficina o papelería.

De esta manera, al ir pasando el tiempo, tendrás 40, 60 o 90 citas subrayadas que se irán convirtiendo en tus favoritas. Cuando abras la biblia y las encuentres seguramente la querrás leer de nuevo.

Lo mejor de esto es que sin mucho esfuerzo, poco a poco, frases de la biblia que te han impactado se irán grabando en tu mente y corazón. Estas te servirán como armas espirituales muy poderosas para diferentes situaciones.

Por años he visto a mucha gente hacer esto y eso ha sido de gran bendición y provecho para ellos al leer la biblia. Mejor incluso si tratas de memorizar el lugar donde esta esa cita. A mí mismo me ha ayudado mucho. Por ejemplo, una de mis favoritas es Hech 5,29 donde dice 'Hay que obedecer a Dios antes que a los hombres'.
También sería bueno si después eliges un salmo que te llene más

espiritualmente y que se convierta en tu salmo favorito. Léelo cada vez que puedas y repásalo hasta que lo memorices. Te darás cuenta que después que lo hayas hecho al orar con tu salmo será para ti como una fuerza espiritual que llena tu alma.

El mío es el salmo 63. Y, ¿el tuyo cuál es?

Así que ánimo y al ir leyendo la biblia ve haciendo tus citas bíblicas preferidas y luego seleccionas tu salmo favorito.

Capítulo 10

La Palabra de Dios para diferentes situaciones de la vida

"Tenemos necesidad de leer la Sagrada Escritura, ya que por ella aprendemos lo que debemos hacer, lo que hay que dejar de hacer y lo que hay que desear hacer".
San Bernardo, s. XII

Otra de las cosas prácticas que nos ayuda a sacar más provecho de la biblia es el ir escribiendo en un cuaderno las citas bíblicas para diferentes situaciones de nuestra vida. Tú mismo decides cuales situaciones pueden ser. Por ejemplo, cuando hay problemas; en momentos de alegría; que hacer en las pruebas; cómo reaccionar ante las dificultades; cómo defender la fe etc.

En este capítulo te comparto algunas a manera de ejemplo. Tú después en tu cuaderno escribes todas las situaciones que quieras y al leer la biblia vas escribiendo las citas en donde creas que vayan.

Ejemplos:

A la hora de las pruebas
Eclo 2, 1-5; Mt 8,14-17; Ef 6,18

En situaciones de posible enojo
Stgo 1 ,19-20; Ef 4,26; Prov 15,1

Sobre la santa Misa
Jn 6,54-69; Lc 22,19; 1 Cor 11,23-29

Respondiendo a lo de las imágenes
Ex 25,18; Num 21,8; 1 Rey 6,23

Cuando estés deprimido
Mt 11,25-30; Sal 34, 15-22

Cuando te preocupes por dinero
1 Tim 6, 6-10; Mt 6, 19-21

Para ayuda en la tentación
Stgo 1, 12-18; Heb 4, 14-16

Así que mi estimado hermano(a) en Cristo, ánimo y adelante. Sigue este consejo y ponlo en práctica. Ve trabajando en ello. Estos son solamente algunos ejemplos.

El ir teniendo citas bíblicas para todas las situaciones de la vida será otra herramienta muy útil para leer la biblia con provecho.

Capítulo 11

Los tres niveles de
conocimiento de la Biblia

"Te ruego encarecidamente que te
dediques en Primer lugar a la
lectura de los Libros Sagrados, en
los que creemos encontrar
la Vida eterna'.
San Beda el Venerable, s. VIII

El conocimiento de la Biblia es una aventura que tiene un principio, pero que no tiene un fin.

Por favor no vayas a cometer nunca el error de algunos que sabiendo un poco de ella piensan que ya lo saben todo y se estancan en el bendito conocimiento de la palabra de Dios.

De una manera resumida y sencilla podemos decir que hay tres niveles de ir conociendo la sagrada Escritura.

El primero es el conocimiento espiritual, que es el principal. Es el que usaron los padres de la iglesia durante los primeros siglos. Se les llama 'padres de la iglesia' porque fueron escritores que se destacaron por su santidad, su doctrina y su cercanía con los inicios de la iglesia.

Este primer nivel de conocimiento o estudio bíblico nunca debe de faltar en nuestra vida cristiana. El leer la biblia de esta manera nos ayudará a conducir nuestra vida por los caminos de Dios. (Mt 7,21-23)

El segundo nivel de conocimiento es el catequético, lo llamamos así porque el objetivo es conocer la biblia, pero de una manera más ordenada y sistemática.

La mayoría de los libros que encuentres en librerías católicas sobre la biblia tienen este objetivo y nivel. Se trata de una educación más ordenada de la biblia.

Libros de historia de la salvación o sobre la estructura interna y géneros literarios presentes en ella; su origen; el canon bíblico; su correcta interpretación etc.

El tercer nivel es el exegético. Aquí ya se profundiza mucho más en el texto de la Biblia y sobre lo que realmente quiso decir en su tiempo.

En los institutos católicos de teología, en los seminarios y en las universidades católicas se dan generalmente estos cursos o materias en este grado de profundidad.

Se usan herramientas más científicas de geografía bíblica; filología; hermenéutica; hebreo, griego y arameo; antropología etc.

Todo para llegar a una comprensión más profunda y exacta del testo. Una exegesis de tipo más científica.

Los 3 niveles son importantes y lo ideal sería que muchos llegaran al tercer nivel. El problema es cuando algunos llegan al segundo o al tercer sin nunca usar el primero. Eso provoca gente de cabeza grande, pero con espíritu muy pobre.

Lo importante es siempre avanzar en el conocimiento de la palabra de Dios y reconocer con humildad que siempre nos faltará mucho por aprender.

Capítulo 12

Libros recomendados para comprender mejor la Biblia

"No deje nuestra alma de dedicarse a las Sagradas Escrituras, a la meditación y a la oración, para que la Palabra de aquel que está presente en ellas sea siempre eficaz en nosotros".
San Ambrosio s. IV

Te felicito por llegar a este capítulo. Con lo aprendido hasta aquí ya tienes las herramientas básicas para empezar la lectura de la biblia con provecho.

Sin embargo, si recuerdas el capítulo anterior, tendrás grabado que el conocimiento de la biblia es algo que se inicia un día, pero que nunca se termina. Por eso es importante este último capítulo donde te recomendaré algunos libros, que te ayudarán a seguir avanzando en el conocimiento de la sagrada escritura.

Para que te sea más fácil, te voy a recomendar el material agrupándolo en tres niveles: Básico, medio y superior. Es obvio que hay mucho más material que tú irás descubriendo. Aquí simplemente te recomiendo algunos que han sido de mucho provecho.

Seguramente ya estás poniendo en práctica lo recomendado en este libro, así que es hora de que busques obtener los otros libros del nivel básico. Luego sigue con los del nivel medio y por último los del nivel avanzado. Por ningún motivo vayas a estancarte, porque te perderías de muchas bendiciones.

Ánimo y poco a poco ve obteniendo este material:

Nivel Básico

1. Respuestas católicas inmediatas. Ideal para conocer las bases bíblicas de nuestra fe y saber cómo defenderlas ante los ataques de las sectas protestantes.

2.   Formación de Servidores. En este libro encontrarás 30 actitudes que la biblia nos muestra para ser un buen servidor de Dios.

3.   ¡Soy católico y que! Un libro de bolsillo indispensable para todo católico. Basado en la biblia te ayudará a tener un encuentro personal con Cristo. Son 10 pasos para ser un auténtico cristiano.

4.   Soldado de Cristo. Este es un libro que tiene el impactante testimonio de Priscilla de la Cruz que fue rescatada de la nueva era.

5.   **CLICK Descubre el Poder de la santa Misa.** Usando citas bíblicas claves, este libro te servirá

para saber que nos dice la biblia para poder descubrir la presencia de Cristo en cada santa Misa sanándote, salvándote y liberándote.

Nivel Medio

1. Lo que usted debe saber sobre el Fin del Mundo. Este es un libro excelente con abundantes citas bíblicas que aclara muchos temas relacionados con el fin del mundo.

2. Testimonios. Un libro que trae los testimonios de pastores protestantes que se han hecho católicos y nos comparten que encontraron en la biblia que los llevó a tomar esa decisión. Este libro también trae el credo en la biblia.

3.   Cómo ganar el cielo desde el Hogar. De una manera concreta este libro seguramente abrirá nuevos horizontes para el que quiera leer la Biblia y descubrir el mensaje que el Señor tiene reservado para todo el que desea vivir la palabra de Dios en su familia.

4.   Historia de la salvación. Indispensable para hacer un rápido recorrido por toda la biblia desde el génesis hasta el apocalipsis. De esta manera, conocerás los grandes momentos y personajes de la biblia.

Nivel Superior

1.   Conocer la Biblia. Este es un recurso para gradualmente ir profundizando en el conocimiento de la palabra de
Dios.

2.   Diccionario de la biblia. La riqueza de los temas escogidos y el uso de sus múltiples ciencias afines y auxiliares, la competencia de sus directores, como también de los colaboradores, han concurrido para que el presente diccionario resulte una obra ideal de consulta.

3.   Escuela de apologética online DASM. Este es el mejor medio para lograr conocer en serio la biblia. Son cursos de defensa de la fe donde podrás estudiar a cualquier hora desde tu celular que

te lanzarán de lleno a conocer la fe
basándose en la palabra de Dios.
Temas bíblicos como:
El rosario en la biblia.
El purgatorio en las escrituras
El bautismo de los niños
La virginidad de María...

Te inscribes y vas estudiando a tu
ritmo desde tu celular, tableta o
computadora. Cualquiera de las tres
que tu decida y a cualquier hora. Al
final de entrega un certificado
avalado por obispos.

Conclusión:

Hay una frase que dice:
'Caminante no hay camino se hace camino al andar'. Eso es precisamente lo que hay que hacer al leer la biblia: 'Ir haciendo un camino espiritual andando por la palabra día tras día'.

Si a nadar se aprende nadando, el conocer la escritura se hace leyéndola. Ya iniciaste el camino, ahora sigue perseverando poniendo en práctica lo que aquí te he compartido para que sigas creciendo hasta la estatura de Jesucristo. Ef 4,13

APENDICE

Abreviaturas de los libros de la biblia

Antiguo Testamento

Génesis.................................	Gén
Éxodo....................................	Ex
Levítico.................................	Lev
Números...............................	Num
Deuteronomio........................	Dt
Josué....................................	Jos
Jueces..................................	Jue
Samuel, 1 y 2.......... 1 Sam	2 Sam
Reyes, 1 y 2.............. 1 Rey	2 Rey
Crónicas, 1 y 2.......... 1 Cro	2 Cro
Esdras...................................	Es
Nehemías..............................	Ne
Primero de los Macabeos......	1 Mac
Segundo de los Macabeos.....	2 Mac
Isaías....................................	Is
Jeremías...............................	Jer
Ezequiel................................	Ez
Oseas...................................	Os

Nuevo Testamento

Hebreos............................. Heb
Santiago............................. Stgo
Primera Pedro..................... 1 Pe
Segunda Pedro.................... 2 Pe
Primera Juan...................... 1 Jn
Segunda Juan..................... 2 Jn
Tercera Juan....................... 3 Jn
Judas................................. Jud
Apocalipsis........................... Ap

Bibliografía y créditos

a) Obispado de Tenerife, España. La 'Lectio divina'.

b) Mario de Gasparin obispo de Queretaro. 'Decálogo para leer la biblia'.

c) Artículos varios de apologética.org

LIBROS DE MUCHO PROVECHO ESPIRITUAL

Para conocer, vivir, celebrar, predicar y defender la fe te recomiendo este material:

Respuestas Católicas Inmediatas

En este libro hay respuestas bíblicas y directas a los ataques y preguntas de las sectas fundamentalistas.

Formación de Servidores

Conoce cuáles actitudes hay que tener para servirle mejor a Dios.

"Mi Juicio ante Dios"

Testimonio de la Dra. Gloria Polo Impresionante testimonio de Gloria que siendo alcanzada por un rayo, Dios le permite ver su juicio y ahora ella va por todo el mundo compartiendo este mensaje.

"Crecimiento 1 al 6: Mis Primeros Pasos"

Es ideal si ya tomaste un retiro kerigmático y has tenido un "encuentro personal con Cristo" y quieres seguirlo de la mejor manera estos libros necesitas tenerlos pues son únicos y urgen.

Están basados en las directrices del magisterio de la Iglesia sobre cómo debe de ser un discipulado cristiano. Ideal para parroquias y movimientos.

Cómo rezar el Rosario 7 formas

Las 7 formas más conocidas ahora ya las tienes en un solo libro: Rosario de liberación; rosario regular; rosario bíblico; A la divina misericordia; A la preciosa sangre; rosario al Espíritu Santo y rosario por los difuntos.

"Cómo Ganar el Cielo desde el Hogar"

Maravilloso libro que te ayudará a poder mejorar tu familia, tu matrimonio y tus hijos. Los 10 mandamientos explicados con la biblia y actualizados al 100%.

¡Soy católico y que!

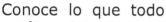

Un libro de bolsillo con un mensaje que ha transformado la vida de miles de personas.

Conoce lo que todo católico debe hacer para poder vivir la fe de una manera real. *10 pasos* para ser un auténtico cristiano.

"Ten Cuidado: El Demonio existe"

No conocer las estrategias de satanás es un error, pues menos podrás defenderte. Por eso es urgente, a la voz de ya, que leas este nuevo libro.

"Click: El Misterio al descubierto"

Si Cristo está plenamente presente en cada santa Misa, ¿Por qué hay millones de personas que asisten a ella y no cambian de vida?

¿Qué pasos son necesarios para tener una vida espiritual que de frutos en abundancia? ¿Cuáles son los 'secretos' que tenemos que descubrir en la santa Misa?

¿Cómo dar un salto de Fe que me lleve de lo humano a lo divino; de lo terrenal a lo celestial; de **lo temporal a lo eterno y de la tierra al cielo?**

Soldado de Cristo:

De la Nueva Era a la fe católica

Cómo me convertí en soldado por la Verdad, desde el ateísmo y el new age

Vengo de más de 30 años viviendo bajo la nueva era. Fui bruja, tarotista, esotérica y adivina. Practiqué la Ouija y trabajé haciendo Feng Shui. Me declaré atea y anticatólica radical.

Tenía mis propios planes, pero Dios tenía otros mejores para mí.

Oraciones de liberación y Protección contra todo Mal

Oraciones nosotros mismos y por nuestros amigos y familiares.

"Una Nueva Apologética"
Incluye la tarjeta con citas bíblicas para saber defender la fe

Conoce a profundidad el problema del crecimiento de las sectas y que podemos hacer para enfrentar su proselitismo. Que es la nueva apologética y como poder dialogar con amigos y familiares protestantes.

**"Cansado de llorar
Cansado de pecar
Cansado de vivir"**

Esta es la historia de un hombre que fue liberado por el poder de Jesucristo del alcoholismo, drogas y el sexo desordenado.

LGBT Preguntas y Respuestas

La verdad que el lobby gay no quiere que conozcas. Un libro que da respuestas directas y valientes acerca de la homosexualidad; las lesbianas; los bisexuales, transgénero y transexuales.

"Liberados del Alcoholismo con el Poder de Dios"

Hoy en día hay amigos y familiares que han caído en las garras del alcohol y este libro ayudara a miles a salir de ese vicio.
Este libro contiene 12
Testimonios de personas que han sido liberadas del alcoholismo con el poder de Dios y también trae impactantes reflexiones.

Excelentes libros de Priscilla de la Cruz. Ex bruja, tarotista, esotérica, ouija, adivina y ahora misionera católica.

- Soldado de Cristo (Testimonio)
- Peregrinación eucarística
- Siguiendo sus Pasos
- Aprendiendo de María
- Combustible de fe
- Faith Fuel
- Get Ready for Mass(para niños en ingles)
- Learning from Mary
- Mass Journey

"Escuela de Apologética online DASM" Fórmate en serio en cómo defender tu fe.

Certificado avalado por 6 obispos de 5 países. Mons. Eduardo Nevares, obispo auxiliar en Phoenix,  Arizona y director espiritual de DASM. Lecciones con Tareas y exámenes en Apologética integral.

!Inscríbete e inicia ya mismo! Única en todo el mundo. **La formación es 100% por Internet y estudias cualquier día y a cualquier hora.** A tu propio ritmo. **10 Niveles.**

Inscríbete en:
www.defiendetufe.com

Puedes conseguir este material y otros nuevos productos de Misión 2000 en tu librería católica más cercana o en:

Tel (480) 598-4320
P.O. BOX 51986
PHOENIX, AZ 85076

www.defiendetufe.com

Made in the USA
Middletown, DE
11 June 2024

55449370R00071